7
LK 3486.

NOTICE

SUR LA CHAPELLE ROYALE

DE LA SAINTE-BAUME.

DEUXIÈME ÉDITION.

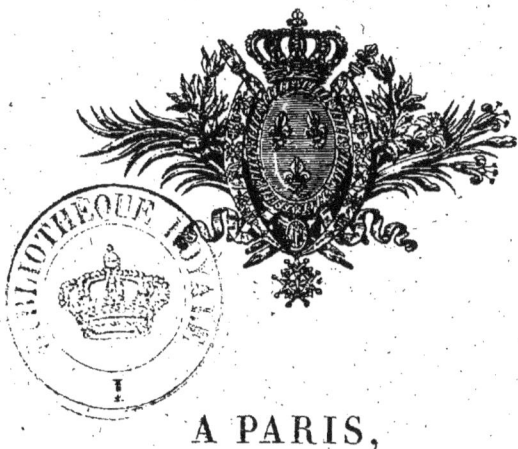

A PARIS,

DE L'IMPRIMERIE DE FIRMIN DIDOT,
IMPRIMEUR DU ROI, RUE JACOB, N° 24.

M DCCC XXIII.

NOTICE

SUR LA CHAPELLE ROYALE

DE LA SAINTE-BAUME,

ET LA CONSÉCRATION DE CE MONUMENT HISTORIQUE ET RELIGIEUX,

OU

LETTRE DE M. L'ABBÉ DE VILLENEUVE, JADIS VICAIRE GÉ-NÉRAL DE M^{gneur} L'ARCHEVÊQUE D'AUCH, A M. L'ABBÉ CAVALLIER, VICAIRE GÉNÉRAL POUR LE DÉPARTEMENT DU VAR.

Quel tableau plus touchant, mon cher ami, qu'un pèlerinage à la Sainte-Baume (1), quand on y va avec un cœur disposé à se laisser émouvoir par les grands effets de la Religion et de la nature réunis ensemble; c'est sous ce double rapport que je vais vous entretenir de la Sainte-Baume.

(1) Baume vient du mot provençal *Baoumo*, que l'on applique dans le pays à toutes les grandes cavités que l'on trouve dans l'intérieur des rochers.

Celle-ci a 21 mètres de longueur sur 6 de hauteur, et sa largeur moyenne est de 24 mètres.

Sa hauteur au-dessus du niveau de la mer est de 938 mètres.

Remarquez d'abord, que nos fêtes patronales, nos pélerinages, dont le premier but était d'exciter la pitié, la ferveur des fidèles, étaient aussi des fêtes de famille, qui en réunissaient les individus, et sur lesquels le chef exerçait un empire d'autant plus doux, qu'il était le résultat de la tendresse, de la confiance et de la considération qu'il inspirait; ces époques éloignaient les discordes intérieures, qui auraient rendu indignes d'y participer, ceux qui s'en seraient rendus coupables. On y traitait aussi des intérêts de la famille, et cette réunion bénévole en assurait souvent le succès. Et d'après tout le ridicule, l'odieux même que la philosophie moderne a déversé sur toutes ces institutions, en haine, on le voit bien, du premier but qui les animait, on a eu raison de dire, qu'on a desenchanté le peuple en le démoralisant; et l'on doit en conclure que nos pères avaient eu des intentions bien louables, en plaçant les objets de leur vénération dans des sites enchanteurs, où du moins très-remarquables par les contrastes qu'ils présentaient. C'était tantôt dans une situation délicieuse, où la vue réjouie par un superbe horizon, et par le développement de toutes les beautés qu'étale la nature, rapportait à notre ame l'image du plaisir et du bonheur; et tantôt des sites opposés, ou par un contraste merveilleux, les beautés de la nature se trouvaient entremêlées de ce qu'elle a de plus âpre et de plus sauvage, et n'en inspiraient pas moins une douce rêverie, une sorte de mélancolie, qui, en nous faisant rentrer en nous-même, avait aussi sa jouissance.

La Sainte-Baume a ce double avantage : les abords en sont pénibles, des rochers immenses qui semblent menacer le Ciel, effraient le mortel qui s'en approche ; et sans le mélange des arbres, aussi vieux que le temps, et qui conservent pourtant toute leur verdure, on croirait être dans un désert affreux : tandis qu'en montant au Saint-Pilon, qui domine perpendiculairement la Sainte-Baume, tout change aux yeux du spectateur, et la terre et la mer deviennent, pour ainsi dire, tributaires de ses plaisirs.

On ne va guère, en effet, à la Sainte-Baume sans gravir au sommet de cette roche calcaire, et arriver au Saint-Pilon, ainsi nommé, parce qu'il y existait jadis un pilier surmonté d'une statue de Sainte-Magdeleine. On y bâtit ensuite une chapelle d'une forme carrée, qui n'est éclairée que par le dôme ; cette chapelle est à plus de mille mètres au-dessus du niveau de la mer. Rien de plus magnifique, quand on y est parvenu, que le spectacle qu'on découvre autour de soi ; vous diriez que la Provence entière se déroule à vos yeux. A l'ouest, le territoire de Marseille, l'étang de Berre, la Crau et les montagnes du Languedoc ; au sud, la mer dans une immense et majestueuse étendue, jusques aux montagnes de la Corse ; à l'est, les montagnes sous-Alpines, qui commencent à Bargemont, parmi lesquelles on remarque *Lachens*, *Cheyron*, et *le Col de Tende* ; au nord, enfin, la montagne *Sainte-Victoire*, *le Lébéron*, et jusques à cette partie du Comtat d'Avignon, où se trouvent les lieux que Pétrarque a rendu célèbres par ses Élégies.

Il n'est aucun Provençal qui ignore, que c'est aux soins de M. CHEVALIER, Préfet du département du Var, que nous devons la restauration de ce monument, que des brigands, des vandales, des misérables auxquels on n'ose donner le nom de soldats, avaient ravagé et détruit.

La tempête révolutionnaire avait épargné les bâtiments de la Sainte-Baume, tant les peuples des environs mettaient d'importance à ce dépôt précieux: ce ne fut qu'en 1815, au mois de juin ou juillet, que ces forcenés quittèrent la grande route, firent trois ou quatre lieues, pour aller dévaster ce local; tout fut brisé, bouleversé, le rocher seul résista à leur fureur. Nommé Préfet du Var, M. CHEVALIER, conçut l'heureuse idée de restaurer cet édifice. Son Excellence le Ministre de l'intérieur ayant daigné encourager l'exécution de ce projet, s'empressa de porter aux pieds du Trône les vœux de toute la Provence. C'est en vertu de deux ordonnances royales des 20 janvier et 14 mars 1821, que l'église de la Sainte-Baume a été érigée en Chapelle vicariale, et que les terrains et bâtiments adjacents ont été, comme par le passé, unis, à ladite chapelle. Par la munificence de SA MAJESTÉ, des fonds ont été alloués pour la restauration de la Sainte-Baume et la construction du nouveau presbytère; et SA MAJESTÉ a comblé tous nos vœux, en consentant par sa décision du 12 janvier 1823 que la Sainte-Baume fut érigée en Chapelle royale; des quêtes et des souscriptions nombreuses ont suppléé aux ressources nécessaires pour faire face à toutes les dépenses, et ont dû prouver à M. le Préfet que ce monument intéressait non-seulement le département du Var, mais même les départements voisins, en un mot toute la Provence.

La forêt de la Sainte-Baume a été déclarée hors de coupe, et par cette mesure elle semble être devenue aujourd'hui, pour ainsi dire, l'apanage de ce monument de la piété de nos pères. Il serait superflu de placer ici l'éloge de l'administration de M. CHEVALIER, et de tout le bien qu'il fait au département du Var; il lirait alors, avec moins d'intérêt cette lettre, si vous la lui communiquez; mais peut-il ne pas entendre dire que ses bienfaits sont écrits dans toutes les communes, et sur toutes les routes qui traversent le département qu'il administre?

La Sainte-Baume est située dans la commune de Nans, canton de Saint-Maximin, arrondissement de Brignoles, département du Var: une antique, respectable et pieuse tradition nous a transmis que Sainte-Magdeleine avait choisi ce lieu pour y vivre dans la pénitence, y donner au monde l'exemple de toutes les vertus ascétiques, consoler le pécheur par l'espoir du pardon et fortifier la piété de ceux qui ont eu le bonheur de vivre dans l'innocence.

La dévotion à la Sainte-Baume, date des temps les plus reculés; on en trouve des monuments dès le 4e siècle (1); Lucius ou Julius Dexter, contem-

(1) On peut consulter à ce sujet, ainsi que je l'ai fait plusieurs fois moi-même, l'intéressante notice sur la Sainte-Baume,

porain et ami de Saint-Jérome, fait mention de l'exil de Sainte-Magdeleine et de son arrivée en Provence; Desiderius, évêque de Toulon, qui vivait en 572, en parle aussi; et c'est aux guerres, aux ravages des sarrasins dans le 7e et 8e siècle, que nous devons le silence des historiens sur un objet aussi important. On trouve pourtant quelques faits qui s'y rapportent, comme la précaution que l'on prit en 719, de transporter le corps de la Sainte, de son tombeau d'albâtre, dans un autre, *pour le soustraire*, est-il dit, *à la fureur et profanation des sarrasins*; cet orage passé, nous retrouvons le fil de l'histoire, et dès 1079, le Pape Grégoire VII chargea l'abbé de Saint-Victor, de remplacer par des Bénédictins, les religieux de Saint-Cassien qui desservaient depuis long-temps cette chapelle; il se plaint du relâchement introduit parmi les Cassianites, et ce n'est guère qu'avec le temps qu'on mérite de pareils reproches; ce fut en 1280 que les Dominicains furent chargés de ce service, et l'ont continué jusqu'à la révolution.

Les plus augustes personnages ont visité la Sainte-Baume, et il paraît que ce concours était établi depuis long-temps, lorsque Grégoire XI en quittant Avignon, pour se rendre à Rome, vint à la Sainte-Baume, pour visiter les lieux de la pénitence de Sainte-Magdeleine, y laissa des marques de sa libéralité, et y attacha de nombreuses indulgences; avant

que M. le comte de Villeneuve-Bargemon, préfet de Marseille, a publiée, il y a quelques années, dans la Ruche provençale.

ce Pape, Saint-Louis y était venu en 1254 au retour de la Terre Sainte, et sa visite fut marquée par des bienfaits (1).

Louis XI, François Ier ont visité la Sainte-Baume, ainsi que Charles IX, en compagnie de son frère qui fut Henri III, et de notre bon Henri, pour lors roi de Navarre; on y a vu Louis XIII en 1622, et Louis XIV y vint, lorsqu'il se rendit en 1660, à Marseille, à l'occasion des troubles élevés dans cette ville, et qu'il apaisa. On compte aussi des Reines, des Dames du plus haut rang, des Cardinaux, des Princes, et surtout des comtes de Provence, qui sont venus à la Sainte-Baume pour satisfaire leur dévotion.

On sait qu'Anne d'Autriche avait fait faire une neuvaine à la Sainte-Baume, ainsi qu'à notre Dame de grace, chapelle et pélerinage également célèbres dans la commune de Cotignac, pour obtenir, après une longue stérilité, un fils qui fut Louis XIV; et c'est peut-être à cet exemple mémorable que nous devons l'usage introduit à Marseille et ailleurs, que toutes les nouvelles mariées venaient en pélerinage à la Sainte-Baume, dans l'année de leur mariage, pour n'être pas frappées de stérilité; l'exemple d'Anne d'Autriche, et le succès obtenu durent être un évènement marquant dans nos contrées, et cet exemple fut suivi par un grand nombre de personnes; il a subsisté jusqu'à nos jours.

Le chemin qui conduit de Nans à la Sainte-Baume

(1) Joinville, Hist. de Saint-Louis, p. 139, édition de 1761.

est réparé (1); on peut même le parcourir en voiture. Je rappellerai, toute ma vie, les sensations que j'éprouvai lorsque parti de Nans à une heure du matin, je me trouvai dans la forêt, entouré d'un peuple immense, qui, pour satisfaire sa dévotion, ou pour arriver plutôt à la Sainte-Baume, avait couché dans le bois, et comme on dit à la belle étoile : on voyait ce peuple entouré de feux éparpillés ça et là, par milliers, et que la malveillance n'avait pas allumés; ils remplaçaient la lumière du jour, et ressemblaient à ces feux consacrés à nos fêtes solennelles qui les précèdent et les annoncent.

Le plus grand ordre régnait parmi ces peuplades éparses; la plupart présentaient à leur réveil cet état paisible où se trouve l'homme après un sommeil que la fatigue a exigé; des chants joyeux et des cantiques se faisaient entendre, et portaient dans l'ame la plus douce émotion. J'en ai vu qui, prosternés autour de ces feux, devançaient l'aurore et le chant des oiseaux, pour adresser au Ciel leurs prières, rendre graces au Créateur, et célébrer ses merveilles: la route était encombrée de chariots et de passagers; il n'y avait pourtant pas encore des gendarmes, ou d'officiers de police, et cependant chacun se tenait à son rang, se prêtait un mutuel secours; aucun dé-

(1) La commune de Nans mérite nos éloges, par l'attachement qu'elle a toujours montré pour la Sainte-Baume, par les sacrifices pécuniaires et considérables qu'elle a fait pour sa restauration, et par les soins officieux qu'elle prodigue aux voyageurs qui vont à cette chapelle.

sordre, aucun accident fâcheux; tant la religion a d'empire sur ceux qu'elle anime; et comme l'a dit M. de Bonald, les Rois n'auraient pas besoin d'une police aussi surveillante et sévère, si les principes religieux étaient plus gravés dans le cœur de leurs sujets.

Quand on réfléchit au milieu de cette forêt, que ces arbres, que les temps les plus reculés ont vu naître, ont été les témoins de la piété et de la dévotion de nos pères, qu'ils ont vu les prodiges opérés par l'intercession de la Sainte, et qu'ensuite, pendant un si grand nombre d'années, tout était morne et silencieux autour d'eux, qu'ils n'ont plus entendu les sons de cette cloche argentine, qui du haut du monastère, annonçait aux fidèles que de vieux Cénobites priaient pour eux, à des heures marquées, pour la conservation des fruits de la terre, pour attirer sur les fidèles les graces du Ciel, en un mot, pour leur bonheur temporel et leur félicité éternelle; l'observateur entraîné par la plus douce rêverie, sous ces voûtes de feuillages et solitaires, cherche en vain à se rendre compte de ses sensations; il compare ces arbres à ce religieux, qui avait passé quatre-vingts ans dans cette solitude, et qui, par son habileté dans les ouvrages de menuiserie, serrurerie et autres arts mécaniques, avait fait une grande partie des travaux qui servaient à l'usage de la Sainte-Chapelle et du monastère. L'infortuné! il a vécu assez pour voir détruire le travail de ses mains, et profaner les objets d'un culte, auquel il n'avait jamais pensé de survivre; l'imagination, dis-je, du voyageur s'égare, se confond sur la vanité des choses de ce monde, et le ramène à celui qui est seul grand, éternel, et immuable.

C'est sous des voûtes de verdure formées par les branches des chênes, des érables, des houx, des pins, des ifs, etc., que voyage le pélerin, que la dévotion ou la curiosité attirent à la Sainte-Baume : on prétend que la feuille de l'if serait funeste aux animaux qui en mangeraient; ce feuillage est pourtant le signe caractéristique de tous ceux qui reviennent de la Sainte-Baume; tous en ombragent leurs chapeaux, ou en ornent leurs boutonnières.

Les botanistes enfin trouveraient dans cette forêt, presque toutes les plantes qu'ils recherchent sur nos montagnes alpines ou sous-alpines.

En approchant de la Sainte-Baume, on trouve au pied de cet immense rocher, une fontaine dont les eaux abondantes, fraîches, limpides, et de la meilleure qualité, semblent se trouver là tout exprès, pour désaltérer les voyageurs qui viennent de parcourir cette vaste forêt, partout ailleurs sèche et aride; ces eaux, peut-être, sont un écoulement de celles de la Sainte-Baume, ou peut-être sont-elles rassemblées dans la gorge qui forme le chemin de Saint-Pilon.

A quelques centaines de pas de la fontaine, on aboutit au rocher, qui renferme l'objet de tant de vœux; mais, comme la Sainte-Baume se trouve au milieu de ce rocher, et qu'elle semble plus près de son sommet que de sa base, il reste au voyageur à parcourir un chemin assez roide, qu'on a adouci, autant que possible, par une rampe en maçonnerie, qui forme des contours en zig-zag, et vous conduit à une première porte d'entrée. De cette porte jusqu'au monument, il peut y avoir encore cent cinquante pas; on se trouve alors sous une voûte spacieuse, fermée aux deux issues, et qui pourrait mettre à couvert, dans un temps de pluie ou d'orage, un grand nombre de personnes. On parvient enfin à une vaste terrasse, soutenue également en maçonnerie; elle domine toute la forêt environnante : vue de cette élévation, cette forêt ne présente plus à celui, qui naguère ne contemplait qu'avec étonnement la cime élevée de ces arbres, qu'une vaste prairie, avec des touffes variées, des ondulations diverses, par la variété des arbres, et leurs différentes qualités.

C'est sur cette terrasse que l'on va construire deux bâtiments pour remplacer ceux qui existaient jadis; les plans, les devis en sont dressés, l'adjudication délivrée : l'un servira de presbytère, pour loger commodément le Prêtre qui desservira la Sainte-Chapelle, on y ménagera un logement convenable, et digne d'être offert à quelques-uns de nos Princes, si nous avions le bonheur de les voir arriver à la Sainte-Baume; l'autre bâtiment servira d'Auberge au public, et lui offrira toutes sortes de commodités et d'agréments.

C'est aussi de cette terrasse, qu'on aperçoit, au-dessus de dix-huit marches, la porte de la Sainte-Grotte, sur un perron assez spacieux ; cette principale entrée est composée de deux portes jumelles, dont les pieds droits, les marches, et la corniche sont en marbre blanc veiné; la corniche est soutenue par des consoles ornées de feuilles d'acanthe, et sa frise décorée d'arabesques supérieurement sculptés : au-dessus de la corniche s'élève un fronton soutenu par des pilastres de marbre Turquin, servant d'encadrement à une niche de même marbre, qui renferme la statue de la Magdeleine en marbre blanc.

On entre par ces portes jumelles dans l'intérieur de la grotte, qui ne forme qu'une seule et vaste voûte; je vous en ai donné les dimensions. On voit, en entrant et un peu sur la gauche, la chapelle principale, formée par plusieurs piliers, qui soutiennent une voûte en arc de cloître; les façades en sont percées de plusieurs portiques, décorés de pilastres en marbre noir port'or, ornés de bases et de consoles en marbre blanc; une imposte et une archivolte règnent tout au tour : le tout forme une décoration en marbre, et produit un agréable contraste avec les rochers de la grotte. Au-dessus de l'archivolte s'élève un attique surmonté d'une corniche qui règne tout au tour.

On entre dans l'intérieur de cette chapelle, qui peut avoir six mètres en carré, et qui sert de sanctuaire à la grotte, par le portique du milieu; les autres portiques sont fermés par une balustrade en marbre servant d'appui de communion; les seuils et le pavé intérieur sont en marbre blanc et bleu, de même que l'autel qui se présente en face de la porte d'entrée; la pièce formant le tombeau est en port'or, marbre précieux; les gradins sont en marbre blanc plaqués en jaunes, et le centre est orné de sculptures. Cet autel se trouve adossé à une partie du rocher qui s'élevait dans cette partie de la grotte, et qu'on appelle encore le lieu de la pénitence, et où l'on suppose que la Sainte prenait quelque repos, comme moins exposé à l'humidité; on y a placé la statue couchée de Sainte-Magdeleine avec un Christ et une tête de mort; cette statue est de marbre blanc du meilleur style et d'un grand maître. La plupart de ces marbres proviennent de l'Église jadis Chartreuse de Monsrieux; ils avaient été achetés par le sieur Bastiani, sculpteur, qui les a employés avec succès, à la restauration de la Sainte-Baume; il semble que la Providence ait voulu que des objets si précieux fussent soustraits au vandalisme, à l'effet d'offrir les moyens de rendre à la Sainte-Baume son ancienne splendeur.

Au bas du lieu, dit de la pénitence, est une fontaine, d'où jaillit une eau fraîche et limpide, que les pélerins ne manquent pas de boire, persuadés qu'elle a des propriétés toutes particulières. On voit également creusé dans le roc, un puits qu'on trouve à gauche en entrant dans la grotte, et qui n'avait peut-être d'autre usage, que de réunir et rassembler les eaux, qui, dans les temps de pluie, rendaient la grotte moins abordable.

Dans le fond de la grotte, et vers le milieu, on trouve une niche creusée dans le roc, renfermant un autel, et une Sainte-Vierge en marbre blanc statuaire ; elle est d'un bon goût, et bien drapée. Honneur aux habitants de la commune du Plan-d'Aups, dont dépendait alors la Sainte-Baume, qui enlevèrent cette statue, pour la soustraire aux fureurs révolutionnaires, et qui l'avaient conservée jusqu'à présent dans leur Église !

On descend ensuite par une double rampe, à la niche également creusée dans le roc et qu'on appelle LE CALVAIRE ; on y voit une figure du Christ couchée, et telle qu'elle est représentée dans une descente de Croix ; l'autel a été construit des débris de l'ancienne porte d'entrée, qui n'était pas de marbre, mais de pierre de Calissane.

On trouve au pied de cet autel deux figures en marbre, que l'on croit représenter François Ier, et Claude de France son épouse. La statue du roi est ornée du collier de l'ordre de Saint-Michel ; j'ai remarqué pourtant sur sa poitrine cette figure de la Sainte-Vierge, que l'on sait que Louis XI portait en plomb sur son chapeau, et qui pourrait bien désigner ce prince.

Voilà à peu près tous les détails que l'on peut vous donner sur cette grotte célèbre ; je n'y ai pas remarqué des stalactites qu'on rencontre partout ailleurs, peut-être que les pélerins les détruisent au moment qu'elles se forment, ou que la nature des eaux infiltrées s'y oppose.

Mais de quelle dignité, de quel éclat, de quelle majesté ne brilla-t-elle pas, quand monseigneur l'archevêque d'Aix, entouré d'un clergé nombreux, se présenta le 27 mai 1822 (1), pour consacrer et bénir de nouveau cette grotte, que l'impiété avait souillée et bouleversée de fond en comble. Ce prélat, que le ciel nous a donné dans sa miséricorde, et qui joint à toutes les autres vertus de son état, la plus grande charité pour le peuple confié à ses soins, avait surmonté tous les obstacles, non-seulement ceux d'une route pénible et difficile, mais ceux d'une santé délicate, pour venir lui-même remplir ce devoir, et rendre cette cérémonie, par sa présence, plus auguste et plus imposante.

Quel beau moment! que celui, où, après les cérémonies et les prières d'usage, et la célébration de la Sainte-Messe, le Prélat s'avança processionnellement sous une tente décorée de guirlandes de fleurs et de verdure; et, après un discours éloquent où il retraça l'œuvre de la miséricorde divine dans la restauration de ce monument précieux, il parla à nos cœurs, quand il adressa la parole à M. le Préfet, à peu près en ces termes : « Ce jour que nous devons à « votre pieuse sollicitude sera un des plus beaux de « ma vie : en vous exprimant l'émotion que j'en « éprouve, il m'est doux d'être l'interprète de tous

---

(1) C'était le lundi de la Pentecôte; quoique dans la belle saison, il se passe peu de jours sans qu'il y ait des réunions assez nombreuses, des familles entières qui se rendent à la Sainte-Baume : il y a deux jours de l'année consacrés à ce concours, le lundi de la Pentecôte, jour de dévotion, et le 22 juillet, jour de Sainte-Magdeleine, fête patronale, autrement dite dans le pays, *lou Roumeirage*.

« les fidèles qui voient en vous le restaurateur d'un
« monument religieux, objet de leur vénération,
« comme il le fut de la piété de nos pères.

« Les bienfaits de votre administration, M. le
« Préfet, seront à jamais gravés dans les cœurs des
« habitants de ces contrées, qui en transmettront le
« souvenir à leurs enfants, et je ne crains pas de dire,
« qu'en relevant les ruines de l'antique Chapelle de
« la Sainte-Baume, que je viens de consacrer avec
« les augustes cérémonies de notre divine Religion,
« vous avez acquis des droits à la reconnaissance de
« toute la Provence. »

Le Prélat parvint ensuite au bord de la terrasse portant le Saint-Sacrement, et bénit, du haut de cette espèce de balcon, le peuple immense qui était répandu sur la terrasse, et dans la forêt, et qu'on évalue de quarante à quarante-cinq mille ames. Quel silence religieux ! quelles marques de respect et d'adoration ! tout ce peuple se prosterna, adora Dieu, et reçut en silence des mains du Pontife la bénédiction, ce signe de réconciliation entre le ciel et la terre : vous eussiez dit que le Prélat était entouré d'Anges visibles, tant sa voix put se faire entendre au loin; mais à peine eut-il achevé d'implorer le Père, le Fils, et le Saint-Esprit, qu'un cri général de joie, de satisfaction, se fit entendre de toute part; l'écho du désert le transporta sans doute au-dessus des nues, et les cris mille et mille fois répétés, de vive la Religion ! vive le Roi ! portèrent dans nos cœurs les plus douces émotions, et des larmes de bonheur inondèrent nos yeux : douces larmes que la philosophie moderne ne connaît pas, et qui assurent à la Religion ce triomphe, cet empire qu'elle exerce sur tous les cœurs sensibles.

C'est après avoir rempli ce premier acte de Religion, que se formèrent mille groupes divers, où tous les âges, tous les rangs confondus ensemble, semblaient ne présenter qu'un même esprit, une même intention, une même famille; où chacun crut ne rencontrer qu'un ami dans la personne qu'il n'avait jamais même connue; tous parlaient de la Sainte, objet du pélerinage, tous s'entretenaient du bonheur d'être témoins de la restauration de ces lieux consacrés par la piété de nos pères: on aimait à croire qu'un père chéri, qu'une mère bien-aimée, avaient joui, longues années auparavant, du même avantage; cette idée les exhumait pour ainsi dire du tombeau, pour nous les présenter encore vivants: nous conversions avec eux, nous leurs demandions compte des sensations qu'ils avaient éprouvées, et ce moment d'illusion procurait à nos ames la plus douce impression.

Cependant des hommes vêtus des sacs de la pénitence, et connus sous le nom de pénitents, défilaient devant nous, pour entrer successivement dans la grotte, et satisfaire leur dévotion : tous les villages voisins avaient envoyé leurs confréries, parmi lesquelles on distinguait celle de Saint-Maximin, ces pénitents avaient accompagné, porté même sur leurs épaules, les reliques de la Sainte, qu'on conserve dans cette ville. Toutes ces confréries étaient de la plus belle tenue : la richesse de leurs bannières, de leurs croix, et de représentations des Saints, attestaient le respect qu'on y porte à la Religion. Ces pénitents étaient suivis par des jeunes personnes, modestement vêtues en blanc, et parées de tous les ornements que la Religion permet au sexe ; elles brillaient bien autrement par la modestie de leurs regards, et de leur tenue, que par tous ces vêtements que le monde comporte et autorise. Elles chantaient des cantiques en l'honneur de la Sainte, qui accueillait, sans doute, avec intérêt, ce concert de louanges, les rapportait à son divin époux, et en obtenait les graces nécessaires pour mettre ces jeunes personnes à l'abri des séductions du monde.

Tout le peuple fut aussi admis à entrer successivement dans la grotte; et dans ce lieu tout au plus capable de contenir mille personnes, on en vit se succéder dans l'espace de quelques heures plus de quarante mille sans trouble, sans confusion considérable, et sans toutes ces précautions qu'on est obligé de prendre, quand il s'agit des divertissements publics et mondains. O Sainte Religion! toi seule sais réunir et contenir le peuple, et assigner à chacun son rang et sa place.

On se réunissait ensuite pour prendre un repas frugal : repas délicieux! d'où toute recherche de luxe était bannie; l'air, les eaux et la fatigue, en excitant notre appétit, nous faisaient savourer ces mets, et les préférer aux tables les plus délicatement servies. On n'y redoutait pas les suites dangereuses du vin et des liqueurs fortes, l'esprit qui animait les pélerins s'y opposait, et d'ailleurs on n'aurait pas trouvé des lieux, où l'on pût se livrer à cette funeste passion.

Le jour baissait, le soleil était déja aux trois quarts de sa carrière, quand il fallut se décider à nous séparer, et ce ne fut pas sans peine qu'on vit approcher ce moment. Les chemins *de Nans*, *de Saint-Zacharie* et *de Gemenos*, furent de nouveau couverts de cette multitude de voyageurs, les uns en chariots, les autres à pied, qui tous s'entretenaient du bonheur de cette journée, et qui se promettaient bien le plaisir d'en entretenir ceux qui les attendaient, et que leur âge, leur santé, ou leurs affaires avaient empêché d'entreprendre ce pélerinage.

Je suis retourné à la Sainte-Baume le 22 juillet, jour de Sainte-Magdeleine, et fête patronale du lieu, le concours n'était pas aussi considérable; on y comptait pourtant de 8 à 10 mille ames, la pompe, l'appareil de la Sainte-Baume n'étaient plus les mêmes, mais on avait aussi l'agrément de pouvoir circuler avec plus de liberté : ce n'est pas dans la foule que l'on peut jouir de tous les détails que comporte ce local, et des beautés qui y sont répandues ; aussi c'est à ce second pélerinage, que je m'aperçus de celles qui ne m'avaient que légèrement frappé la première fois. L'œil du spectateur placé sur la terrasse, plonge, il est vrai, sur un précipice affreux, mais il est agréablement distrait par la vue de la forêt, et par la belle chaîne de montagnes qui borne cet horizon: on aperçoit dans l'intervalle les vallées inférieures, toutes bien cultivées, couvertes d'arbres à fruits, et de prairies, qui, en annonçant leur fertilité, contrastent avec la sécheresse et l'aridité des montagnes environnantes. On aperçoit aussi plusieurs villages; mais c'est surtout la ville de Saint-Maximin, qui fixe les regards: c'est là que reposent les reliques de Sainte-Magdeleine; et par un mouvement involontaire, quoique religieux, on est ramené au respect, et à tous les sentiments d'amour et de reconnaissance qu'inspire cette grande Sainte. On distingue encore la ville de Saint-Maximin, par la superbe basilique qu'on avait élevée, hélas! dans des temps plus religieux que les nôtres, en l'honneur et sous l'invocation de cette Sainte, et qu'un miracle sans doute a sauvé des fureurs du vandalisme. Ce monument est non-seulement la gloire de la ville de Saint-Maximin, mais l'honneur de toute la Provence. Moins distrait par la multitude, je pus me livrer aussi plus librement à mes réflexions, et me rendre compte de mes sensations; je ne pensais pas sans la plus vive impression à la détermination de la Sainte d'avoir choisi ce local pour le lieu de sa pénitence, lieu agreste et sauvage, absolument inhabité alors, et où elle ne pouvait jouir que des présents d'une terre inculte, et de l'aspect du ciel; mais, me disais-je, elle fuyait ce monde qui avait été un si funeste écueil pour son innocence; elle s'éloignait de la conversation des hommes, pour converser plus librement avec Dieu; cet état a bien ses jouissances: et elle put se convaincre de cette grande vérité, que la solitude ramène l'homme au bonheur naturel, en l'éloignant du malheur social.

Mille autres pensées toutes religieuses, et fondées sur la véritable philosophie, préoccupaient mon esprit; je vous les égargne, et je borne ici ma relation, ce serait trop vous occuper de moi et de mes réflexions: vous viendrez, mon cher ami, avec nous, l'année prochaine à la Sainte-Baume, et vous nous donnerez une relation bien autrement intéressante que celle que je vous envoie, et qui se ressent de la précipitation avec laquelle je l'ai rédigée.

Je suis, etc.

Votre ami,

DE V***

(23)

avez.vu que la soldatesque française, en bombardant la ville d'Ostende, la meilleure société de cette ville pensant à des télégraphes, à l'effet sur la vue, à la pathologie, précocupait un nom especial. Il vous l'a déjà dit, et il borne ici sa relation, ce qu'il croit trop vous occuper du mal et de nos récits. Dignez-vous l'admettre, mon cher ami, avec nous, l'année prochaine à la Sainte-Jeanne, et vous nous donnerez une relation bien autrement intéressante que celle dont je vous envoie, ce qui se ressent de la précipitation avec laquelle je l'ai rédigée.

A etc, etc.

Votre ami,

De V***.

www.ingramcontent.com/pod-product-compliance
Lightning Source LLC
Chambersburg PA
CBHW060605050426
42451CB00011B/2085